Ma vie de Prof!

playBac

Ma vie de Prof !

33, rue du Petit-Musc, 75004 Paris www.playbac.fr

AVANT-PROPOS

Cher prof,
Vous ouvrez ce livre avec un léger sentiment de culpabilité, car vous devriez être en train de préparer votre cours pour demain. Mais voilà, vous avez envie d'un interclasse réjouissant pour oublier l'odeur de poney des 3e 2 après leur séance de sport...
Alors plongez-vous dans cet ouvrage hautement pédagogique, mélange d'élèves intéressés (pardon, de boulets), de photocopieuses en bourrage papier à 7 h 55, de collègues râleurs et de « Non mais vous avez les vacances, vous !».
Ami prof, débourrez la photocopieuse, reprenez un café et ouvrez ce livre pour rire cinq minutes puisque c'est le temps qu'il vous reste avant la fin de la récré.

Le matin de la rentrée...

Allez, mon chéri, sors ! Tu vas finir par être en retard à l'école !
NAN! Je ne veux pas y aller !
W.C.
TOC! TOC! TOC!
Sois raisonnable, voyons... Tes élèves comptent sur toi ! Ils t'attendent, chéri !

À quoi reconnaît-on un vrai prof ?

- Il se précipite en salle des profs à la récréation pour être le premier devant la machine à café.

- Il corrige des copies partout, chez le médecin, dans les transports en commun, au lit, devant la télé.

- Il ne s'assoit jamais sur une chaise avant d'avoir vérifié qu'il n'y a rien dessus (punaise, chewing-gum, eau).

- Il sait reconnaître l'odeur du chewing-gum mâché à plus de 10 mètres.

- Il a toujours un crayon sur lui, mais n'hésite pas à en dérober chez les autres, surtout s'ils sont rouges.
- Il connaît toutes les excuses de retard ou de devoirs non faits.
- Il sait donc que le chien est carnivore et non copivore.
- Il ne considère pas que « oui » ou que « non » soit une véritable réponse (puisque ce n'est pas une phrase).
- Il est responsable d'une partie de la déforestation mondiale.

Déformation professionnelle #1

Vous écrivez TOUT au Bic rouge,
vos chèques, vos cartes postales, vos Post-it.
Normal, vous n'avez que ça sur vous.

Ce que les profs entendent TROP SOUVENT

Ah mais toi…

Tu es toujours en vacances.

Tu bosses quoi ? Dix-huit heures par semaine ?

Tu es toujours en vacances.

T'es à la cool, quand même !

Tu es toujours en vacances.

Ça va, tu ne te foules pas trop ?

Encore en grève ?

C'est quand, tes prochaines vacances ?

Ah non mais moi, ton boulot, je ne pourrais pas.

Sinon tu es bientôt en vacances, non ?

8ml

Professeur, le seul métier
où l'on vole du matériel
chez soi pour le rapporter
au boulot.

ab.cde = 10a + b +
10
100
2.25
45
0.11

Désespérant...

- Madame, promis, je ne le referai plus, mais pitié, ne le dites pas à mes parents…
- Monsieur ? On peut le faire à deux, le devoir ?
- Je n'ai plus de place, je tourne la page ?
- C'est écrit « soulignez en rouge », mais je n'ai plus de rouge, je peux le faire en bleu ?
- Le contrôle, il est noté ?

Bonjour madame... L'Éducation Nationale a entrepris de sonder les professeurs en vue d'une réforme des programmes... Pouvez-vous répondre à quelques questions ?
Mais avec plaisir ! C'est une excellente initiative, de nous consulter !

Je tiens tout de même à préciser que cela ne changera rien à ce qui a été décidé en haut lieu, naturellement.
Naturellement.

Les 5 trucs typiques de la rentrée

1. Recevoir un emploi du temps temporaire qui va changer dix fois en deux semaines.

2. Se rendre compte qu'on a trois Théo et deux Mattéo dans la même classe.

3 Se retrouver entre les deux profs d'anglais qui se racontent leurs vacances à Bali et à New York (alors qu'on est parti en Picardie).

4 Se faire appeler « maîtresse » ou « maman » par un petit 6e.

5 S'apercevoir que le code de l'ordinateur de la salle des profs a changé.

Comment vos amis
voient votre métier.

Comment
vos parents
vous voient.

Comment vous,
vous le voyez.

Comment remplir poliment...

Ce que vous pensez

Vanessa doit se bouger les fesses.

Emma doit arrêter de draguer tout ce qui bouge.

Kevin ne fiche rien et pourrit la classe,
c'est un boulet.

Sophie je t'aime d'amour, merci d'être là !

Maeva a autant de tonus
qu'un hamster neurasthénique.

… vos bulletins scolaires

Ce que vous écrivez

Vanessa a tout pour progresser
de manière efficace.

Emma semble toujours ailleurs en classe,
il faudrait qu'elle se recentre
sur les apprentissages.

Kevin perturbe le cours au lieu de s'investir
dans son travail et c'est fort dommage.

Sophie a une excellente attitude en classe
et son travail est exemplaire, je la félicite !

Il faut que Maeva dépasse sa timidité
et prenne confiance en elle, si elle veut réussir.

Quand
j'ai réussi
à débourrer
la photocopieuse
à 7 h 55 !

Typologie du professeur

Le prof « il faut les comprendre » :
il vient tout juste d'obtenir son premier poste, il est très motivé et croit véritablement en sa MISSION, soit sortir des générations d'élèves de leur petit monde d'ignorance pour les élever et leur offrir l'avenir qu'ils méritent tous.
Il déborde d'idées et de projets, organise des sorties pédagogiques et des voyages scolaires. Il tutoie ses élèves et prend la défense du petit Jordan qui a agressé sa collègue d'anglais en expliquant que c'est parce que ses parents ne sont pas là le soir pour l'aider à faire ses devoirs.

Le prof au bout du rouleau :
il est dépassé dès septembre. En passant devant sa classe, on entend des élèves rire et parler très fort, et on distingue des silhouettes en train de monter sur les tables. Quant à lui, il réclame le silence dans l'indifférence générale. Gentil, au demeurant, il se contente de trouver la classe « un peu agitée » lors des conseils de classe.

Le prof malado-absent :
on le croise le jour de la prérentrée, mais il n'est déjà pas dans ses baskets. Discret, faiblard, il cumule les chutes et les mauvaises maladies. Son nom est systématiquement inscrit sur le tableau Velleda des absents dans l'entrée, mais personne ne sait véritablement à quoi il ressemble.

Quand le jeune stagiaire accueilli dans la classe veut vous donner des conseils pour améliorer votre cours...

«Vas-y, je t'écoute.»

La rentrée des profs

Ah, mon cher Moulinot... Heureux de vous revoir ! Alors, fin prêt pour affronter les monstres, cette année encore ?
Vous parlez des élèves ou de leurs parents, monsieur le proviseur ?
Ah, ah, ah ! Sacré Moulinot !

Jeu de l'oie du professeur

DÉPART

1. Vous apprenez votre mutation le 28 août. Avancez en 5.

2. Votre emploi du temps est génial ! Avancez d'une case.

3. Vous adhérez au syndicat le moins cher. Reculez de deux cases.

4. Conférence pédagogique. Passez un tour et dormez.

5. Vous êtes à 60 km de chez vous. Passez un tour.

6. Vous avez 36

19. Vous accompagnez

20. Un de vos élèves a son bac mention bien. Avancez de deux cases.

21. Vous avez une décharge syndicale. Ronflez pendant deux tours.

22. Vous atteignez le dernier échelon ! Avancez d'une case.

23. Vous avez un stagiaire. Meilleur que vous. Reculez d'une case.

24. Vous vous endormez pendant un conseil de discipline. Reculez d'une case.

25. Vous recevez les palmes académiques. Allez en 27.

26. Vous démissionnez pour ouvrir une chambre d'hôte. Avancez d'une case.

27. **ARRIVÉE** RETRAITE

élèves. Prenez un Doliprane et passez un tour.

7. Vous changez d'échelon. Allez en 11.

8. On vous crève les pneus sur le parking. Passez un tour.

9. Vous demandez votre mutation. Allez en 15.

10. Vous faites un burn out. Passez un tour.

11. Vous avancez au grand choix. Vous achetez une nouvelle voiture. Allez au 14.

12. Un parent vous casse la figure. Passez un tour.

13. Des élèves se moquent de votre look. Passez un tour.

14. Inspection. Passez deux tours.

15. Vous avez un TNI* dans votre classe. Il faut vous en servir. Passez un tour.

16. Vous récupérez des boulets redoublants agressifs. Reculez d'une case.

17. Vous trébuchez dans un cartable. Passez un tour.

18. Vous êtes augmenté. Partez au ski et allez en 21.

un voyage scolaire et vous perdez un élève. Retour à la case départ.

*TNI : Tableau numérique interactif.

Comment vos élèves imaginent que vous corrigez les copies.

Réalité.

Élève n. (de *élever*)

Individu qualifié parfois de « petit con » par les profs entre eux, il vit souvent en meute. Pouvant contenir jusqu'à une quarantaine d'individus, la meute d'élèves a tendance à se mouvoir très lentement, en traînant des pieds et en ricanant d'un air niais. On peut distinguer les individus de type masculin, nonchalants et souvent méchés, et les individus de type féminin à la tendance souvent hystérique et à l'accoutrement parfois improbable. Pour entrer en communication avec l'élève, veillez à bien articuler et à parler simplement, voire à répéter plusieurs fois la même phrase. S'il sourit, c'est qu'il n'a pas compris. Recommencez.

Professeur(e) n.

1. Personne qui vous aide à résoudre des problèmes ou à répondre à des questions que vous ne vous seriez jamais posées sans elle.

2. Ancien élève plutôt à l'aise qui n'a jamais trouvé la force de quitter l'école.

Cette prof vient de...

- ☐ Réussir à entrer ses notes dans le logiciel avant le conseil de classe.
- ☐ Découvrir son emploi du temps envoyé la veille de la rentrée.
- ☐ Passer au grand choix*.

Réponse : les trois, sachant tout de même que la deuxième proposition relève du miracle.

*Les avancements (promotions d'échelon) peuvent se faire selon trois modalités : grand choix, choix et ancienneté. L'avancement au grand choix se fait plus rapidement qu'à l'ancienneté, mais reste très rare.

Évolution du seuil de tolérance au bruit en fonction de la semaine

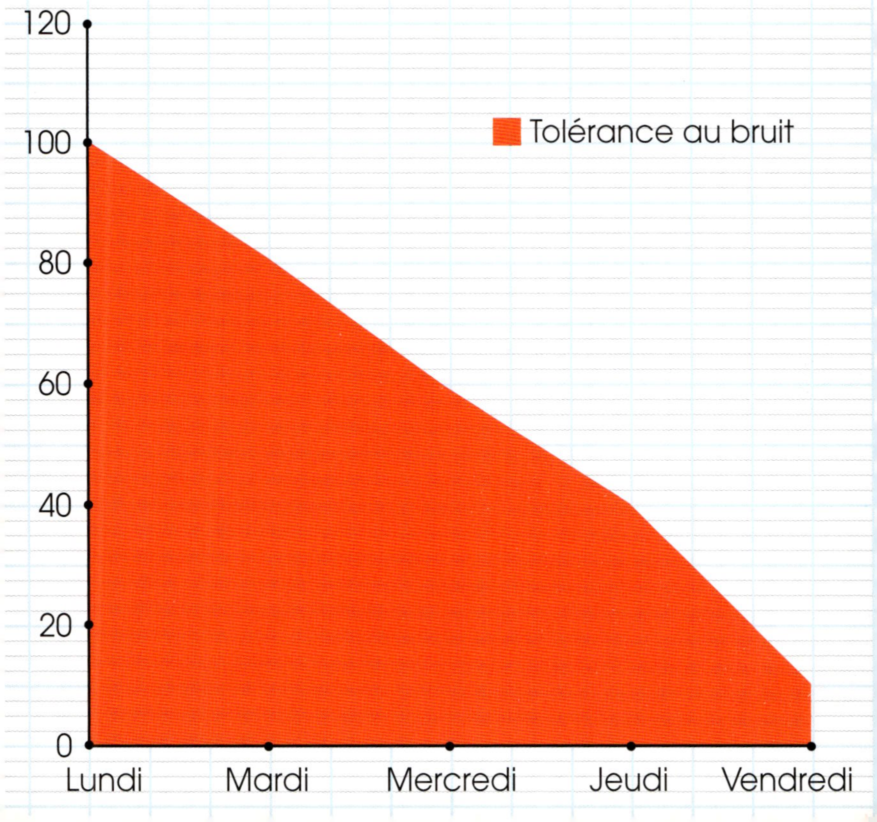
Tolérance au bruit
120
100
80
60
40
20
0
Lundi
Mardi
Mercredi
Jeudi
Vendredi

Les trucs qui vous énervent (un peu)

1 **Le stylo à gel parfumé.** Parce que corriger une copie qui sent le melon d'eau, ça donne envie de vomir.

2 **L'élève qui vous demande en ami sur Facebook.** Bien sûr, tu crois vraiment que je vais t'autoriser à voir des photos de moi ivre à la soirée de la prof d'anglais...

3 **L'élève qui referme son classeur sans avoir d'abord refermé les anneaux.** Ça fait sursauter et ça mélange les feuilles !

4 **L'élève qui demande s'il faut faire le cinquième exercice du contrôle.** Non, il est juste là pour faire joli !

5 **L'élève qui fait tourner son stylo, qui le fait sauter, qui le mâchouille.** TU VAS ÉCRIRE, OUI ????

6 **Quand il pleut/neige et que, de ce fait, tous les élèves regardent par la fenêtre.** Hé oh, je suis làààààààà !!!!

Quand un élève emprunte un livre pour son plaisir au CDI.

Vous surprenez
un élève
en train de jouer
avec son smartphone
en classe…

Ce que vous rêvez de faire…

Le crucifier sur la porte
avec un panneau autour du cou :
« J'ai joué à ***Candy Crush***
pendant le cours de français ! »

Ce que vous faites !

Vous confisquez ledit smartphone, le glissez dans le tiroir aux objets confisqués entre un pistolet à eau, une gourmette et une trousse de maquillage…

Ce soir, il y a conseil...

Typologie du professeur

La prof sexy baby :
elle a le collant résille et la jupe courte qu'elle agrémente de bottes cavalières. Si certains élèves (les filles) trouvent qu'elle explique mal et qu'elle n'est pas géniale, les autres élèves (les garçons) la trouvent très bonne et ne bavardent pas entre eux pendant ses cours.
Ses élèves (garçons) sont toujours prompts à distribuer les feuilles pour elle ou volontaires pour faire un exercice au tableau.

Le prof agressivo-frustré à tendance perverse : il n'aime pas son métier, il n'aime pas vraiment les élèves non plus et il le fait savoir. Il est le roi de la petite pique blessante et chaque appréciation sur le bulletin est une preuve remarquable du mépris que lui inspirent ses élèves. Il prend un malin plaisir à punir sans raison et n'a jamais eu une classe comme celle-ci en vingt ans de carrière. D'ailleurs, il le prouve en excluant à tour de bras, pour un éternuement mal dissimulé ou un mouchoir donné à la voisine enrhumée.

Quand la récréation se termine
et que vous n'avez pas eu le temps
de faire vos photocopies...

TOP 10 des phrases qu'un prof ne dira JAMAIS

1. Je fais ce métier pour l'argent.
2. À la veille des vacances, les élèves sont captivés par ce que je raconte.
3. Je n'ai RIEN fait de mon week-end.
4. Je n'ai plus aucune copie à corriger.
5. J'aime bien avoir des classes de 35.

6 Tiens, je n'avais pas remarqué qu'on était vendredi.

7 Non, ça ne me dérange pas de terminer à 17 h 30 le vendredi soir et de commencer à 8 heures le lundi.

8 Je suis patient avec mes propres enfants quand je rentre le soir après une journée de travail.

9 J'adore le dauphin qui change de couleur en fonction de la météo que la maman de Dylan m'a offert à la fin de l'année.

10 Les voyages scolaires sont de vraies parties de plaisir !

Pas très envie de corriger vos copies ?

Trois phrases astucieuses à dire à vos élèves :

1. Donnez votre contrôle à votre voisin, c'est lui qui va le corriger.
2. C'était tellement mauvais que je préfère annuler ce devoir, vous allez retravailler et on le refera.
3. Oooooooooooh, j'avais corrigé vos contrôles et puis je les ai oubliés à la maison ! (À dire le lendemain.)

Vous êtes malade et les vacances sont dans une semaine

■ **Avec conscience professionnelle :**
non, mais arrêtez-moi juste deux jours, je suis en pleine période de conseils de classe et de rendus de bulletins.

■ **Sans conscience professionnelle :**
non, mais arrêtez-moi juste six jours, après je ferai la jonction avec les vacances.

Déformation professionnelle #2

Vous reprenez systématiquement les fautes de français des gens. Qu'ils soient vos amis ou des inconnus. C'est plus fort que vous, il FAUT que vous interveniez, tel un superhéros de la langue française.

TOP 6 des choses que pensent les élèves à votre sujet

1 **Vous écoutez exclusivement de la musique classique, de l'opéra ou radio Nostalgie.**

2 **Vous ne regardez pas la télévision, sauf Arte.**

3 Vous ne jouez jamais à la console, d'ailleurs vous n'avez pas de console. À la place, vous jouez au Scrabble.

4 Vous allez au musée le week-end. Ou voir des expositions. Jamais vous ne regardez des rediffusions de « La Nouvelle Star ».

5 Vous mangez des légumes insipides, vous adorez les repas de la cantine et vous détestez la junk food.

6 Vous n'avez pas de compte Facebook ou Twitter et vous ne savez ni jouer à *Angry Birds* ni même à *Candy Crush*.

Le certifié va au travail.

L'agrégé va au travail.

Le prof de prépa va au travail.

Les vœux pour l'emploi du temps

Vœu 1 :

Ne pas travailler le mercredi,
car j'ai des enfants.

Résultat : vous travaillez le mercredi.
Ben oui, tous vos collègues ont des enfants.

Vœu 2 :

Ne pas finir trop tard le vendredi.

Résultat : est-ce que 16 h 30, c'est tard ?

Vœu 3 :

Ne pas commencer trop tôt
le lundi.

Résultat : est-ce que 9 heures, c'est tôt ?

Mutation demandée :
lycée « Friqué de La Huppe ».

Mutation obtenue :
collège « Moisi du Boudumonde ».

Et sinon, vous mangez à la cantine, le midi ?

Lundi	Mardi
• Salade de carottes râpées baignant dans leur sauce. • Endives braisées au jambon mou. • Tartelette au chocolat (finalement remplacée par un Mamie Nova nature).	• Pâté en croûte (de la veille). • Rognons de veau sauce rognon avec pâtes au beurre. • Salade de fruits en boîte.

Mercredi	Jeudi	Vendredi
• Méli-mélo de pissenlits nature. • Gratin de restes de la veille. • Éclair au chocolat (finalement remplacé par un Mamie Nova nature).	• Salade de chou blanc. • Choucroute dégarnie (budget serré). • Petits choux à la crème (légèrement périmée).	• Œuf mayonnaise. • Steak caché. • Riz *al dente*. • Compote de pommes pur sucre.

L'odeur de la salle de cours
du vendredi après-midi avec les 3e 2
qui sortent de deux heures de sport...

Typologie des élèves

Le gros fayot :
souvent fils de prof, il pense être de connivence avec vous. Mielleux, sirupeux, il vous donne des envies d'être parfois un peu cassant à son égard. Il sourit à vos blagues plus que de raison et n'hésite pas à vous proposer un coup de main, même quand vous n'avez rien demandé. Restez zen. Vous connaissez peut-être ses parents.

Le petit mignon :
il comprend tout et sourit à vos blagues. Il fait ses devoirs et ne rate pas (trop) ses évaluations. Il est prêt à répondre à vos questions et fait progresser la moyenne de la classe à lui tout seul. Dites-vous que vous faites cours pour lui.

La pipelette :
elle a toujours quelque chose de primordial à raconter à sa super-meilleure amie de toujours. Située deux rangées derrière elle. Toujours retournée, elle est adepte des petits mots et des rires agaçants. À installer seule, devant. Elle rira moins.

Quand
le proviseur cherche
un volontaire
pour se présenter
au CA
(conseil d'administration).

Formation pédagogique

Journée lambda durant laquelle les enseignants se réunissent dans un amphithéâtre pour écouter un autre enseignant leur donner des pistes pour être un meilleur enseignant. Conférences aux titres souvent complexes comme « De la pédagogie didactique au service de la nouvelle programmation pour une école aux rythmes aménagés ». La nécessité d'émarger fait que les salles sont combles. Mais comme les enseignants sont pires que leurs élèves, durant le temps de formation, ils en profitent pour corriger leurs copies, discuter, envoyer des sms et jouer au poker en ligne.

PAUL ?
KEVIN ?
JEAN ?
EMMA ?
ROBERT ?

Les petits défis du quotidien

Se souvenir du prénom
de tous ses élèves,
moins d'un mois après la rentrée.

Typologie des élèves

Le clown de service : dévoué à son fidèle public, il fait blague de mauvais goût sur blague de mauvais goût. Il finit souvent collé ou dans le bureau du principal/proviseur. Empruntez-lui quelques blagues pour vos futures soirées entre amis.

La bécasse : la petite lueur qu'elle a au fond des yeux vous prouve qu'elle n'a pas la lumière dans toutes les pièces. Elle fait mine de s'intéresser, mais décroche très rapidement. Elle pose des questions étranges auxquelles vous répondez tout en voyant que vos explications contribuent à l'enfoncer encore plus. Souriez tout de même car elle est adorable.

Celui qui a la bougeotte :
toujours en mouvement, toujours agité, cet élève rend marteau le professeur. Atteint de tics et de TOC, il ne peut pas s'empêcher de mâcher un crayon ou de tapoter la table de ses ongles. Il est crispant. Ignorez-le.

Le mou :
il a mal au poignet s'il écrit trop, et voit mal le tableau. Il n'a pas le temps de faire ses devoirs et demande souvent à aller à l'infirmerie car il ne se sent pas bien. Pauvre petite chose.

Déformation professionnelle #3

Vous demandez toujours aux gens ce qu'ils font pendant les vacances. Même si votre interlocuteur n'est pas un collègue et qu'il a juste envie de vous pulvériser, car LUI ne prend pas deux semaines de congé toutes les six semaines.

Comment faire une bonne blague à vos élèves

Étape 1 : Faites noter dans les agendas la date de la prochaine évaluation.

Étape 2 : Au cours suivant, laissez traîner volontairement quelques exemplaires de cette évaluation sur votre bureau et tournez le dos aux élèves plusieurs fois durant l'heure.

Étape 3 : Préparez évidemment une autre évaluation.

Étape 4 : Le jour J, savourez les mines déconfites.

Êtes-vous un véritable prof ?

- Vous connaissez exactement le nombre de semaines (voire de jours) qui vous séparent des prochaines vacances.
- Vous avez toujours un stylo rouge à portée de main.
- Vous savez ce que signifie l'expression « bourrage papier ».
- Vous payez vos vacances plein pot parce que vous partez toujours pendant les congés scolaires.
- Vous connaissez certaines abréviations louches, comme PPMS* ou PPRE**.
- Vous partagez quelques perles d'élèves sur votre page Facebook.

RÉSULTATS

> Si vous avez coché une ou plusieurs cases, aucun doute, vous êtes un prof.

> Si vous n'en avez coché aucune, veuillez rendre ce livre à votre ami(e) fonctionnaire.

* Le PPMS (Plan particulier de mise en sûreté) est un dispositif réglementaire dont l'objectif est de mettre en place une organisation interne à l'établissement afin d'assurer la mise en sécurité de toutes les personnes présentes dans l'établissement en cas d'accident majeur externe à l'établissement.

** Le PPRE (Programme personnalisé de réussite éducative) est une action spécifique d'aide, intensive et de courte durée, à destination d'élèves en difficulté dans l'acquisition des compétences du socle commun ou des objectifs liés au comportement.

Parfois,
en salle des profs…

Et finalement, il a réussi à sortir avec Léa, le petit Amir ?
Il n'était pas exclu, Brian ?... Si ? Ben pourquoi il est là, alors ?
Non mais t'as vu le look de Mona ?
Cette gamine est mieux fringuée que moi... c'est dingue !
... Et tu as vu ses talons ? Non mais sérieux ! On n'est pas en boîte, ici !!
Tiens, il fait quoi, là, le pion ? Il drague ?...

Le voyage scolaire
selon vos élèves.

Selon leurs parents.

Selon vous.

Selon la direction.

La sortie scolaire

- Les élèves hurlent dans le bus.
- Vous êtes à côté de la prof d'histoire qui ne fait que parler de ses voyages.
- Les filles demandent si elles auront le temps d'aller chez H&M.
- Il y en a un qui vomit juste à côté de vous (vous vous sentez mal).
- Le chauffeur passe son trajet à râler. Et, en plus, il a oublié son GPS.
- La visite guidée prévue est nullissime, et les élèves s'en contrefichent.

- Au moment du temps libre, les élèves vous collent.
- Au moment de repartir, il vous en manque deux. Qui attendaient devant le bus, en fait.
- Durant le trajet du retour, vous êtes encore assis près de la prof d'histoire. Qui n'est manifestement pas fatiguée, ELLE, et qui vous refait la visite.
- Vous attendez trente-cinq minutes le père d'un élève qui avait « oublié » qu'il fallait venir le chercher. À 23 h 45. Alors que vous commencez à 8 heures le lendemain.

Ce que vous rapporte votre changement d'échelon.

Petit quiz
à l'usage des élèves

Cochez la bonne réponse :

Pour les stylos bille, en classe, mieux vaut éviter :

- ☐ ceux dont on rogne le capuchon.
- ☐ ceux sur lesquels on appuie pour faire sortir la pointe.
- ☐ ceux qui tournent trop facilement entre les mains.

Un protège-cahier sert à :

- ☐ protéger les cahiers.
- ☐ différencier les cahiers grâce à leurs couleurs.
- ☐ rien du tout, puisqu'ils finissent en boule au fond du sac.

Pour la colle, on opte :

- ☐ pour le bâton qui se termine et dont le bout en plastique déchire la feuille.
- ☐ pour la colle liquide, qu'on fait sécher en boulettes sur les doigts.
- ☐ pour la colle du voisin, puisque de toute façon on a oublié sa trousse.

La calculatrice est utile pour :

- ☐ calculer.
- ☐ écrire des messages à l'envers type SOLEIL (classe) ou ELLEBESE (pas classe).
- ☐ rien du tout, puisqu'on l'oublie systématiquement à la maison.

**Quand je demande
un volontaire pour corriger
les exercices du jour.**

En 6e

En 3e

Quand la technologie investit la récré...

Alors tu me laïkes plus? Mais je m'en fiche, moi, je peux plus voir ta face de book!
Hé ben moi, c'est ta tronche sur Instagram que je peux plus voir! Twitte à mes fesses, si ça te fait plaisir!

Les cinq sens du professeur mis à l'épreuve…

Odorat : survivre à l'abus de parfums capiteux écœurants déversés par litres dans les décolletés de ses élèves.

Ouïe : reconnaître le bruit de l'ongle manucuré qui tapote sur l'écran de son smartphone pendant un devoir.

Toucher : remettre sur la chaise d'un élève une veste crasseuse tombée au sol.

Goût : être capable de s'enfourner environ 49 rochers au chocolat et trois ballotins de fourrés-pralinés lors de la dernière semaine de classe pour ne vexer aucun élève.
Le tout arrosé de champagne.
Merci, les cadeaux de fin d'année.

Vue : repérer les petits mots échangés en classe, les boulettes qui volent, les cartouches lancées au plafond et les mâcheurs de chewing-gum.
Même de dos.

Quand il faut entrer les notes
des élèves dans le logiciel Pronotes.
Et que c'est le dernier jour.

Quand (en plus)
le logiciel Pronotes plante…

Le loto pédagogicopénible

Vous vous ennuyez en conférence pédagogique ? Sortez discrètement ce petit bingo et offrez-vous une partie réjouissante en cochant les cases correspondantes au baratin pédagogique entendu.

TICE (Technologies de l'information et de la communication pour l'enseignement)	Absentéisme	TNI (Tableau numérique interactif)	Programmes officiels
Autorité	Évaluations	PPRE (Programme personnalisé de réussite éducative)	Situation didactique
Réussite scolaire	Socle commun	Accompagnement éducatif	SEGPA (Sections d'enseignement général et professionnel adapté)
Instructions officielles	Compétences évaluées	B2i (Brevet informatique et Internet)	PISA (Programme international pour le suivi des acquis des élèves)
Décision d'orientation	Pays nordiques	B.O.(E.N.) (Bulletin officiel de l'Éducation nationale)	En situation de handicap

Mais pourquoiiiiiiiiiii ?

- L'élève vient-il en débardeur l'hiver ?
- Oublie-t-il toujours son carnet de liaison ?
- Collectionne-t-il les billes de cartouches ?
- A-t-il demandé au coiffeur de lui faire une mèche s'il passe son temps à la replacer derrière son oreille ?
- Joue-t-il à se triturer la peau autour des ongles avec son compas vers 9 h 34 ?
- Écrit-il des messages stupides en retournant sa calculatrice ?

Réunion parents-profs

ARTS PLAS.
TECHNO
MUSIQUE
ÉDUC. PHYS.
OUAHHH!
PFFF!

Les 10 bonnes nouvelles qu'un prof rêve d'apprendre

1. Les 4e B (des sacrés boulets) partent une semaine en voyage scolaire (sans vous).

2. Il y a grève jeudi prochain (et vous la faites).

3. Les parents d'Adrien, le boulet de la 4e 2 sont mutés en Polynésie.

4. Vendredi prochain, vos élèves sont convoqués à un cours d'éveil à la sexualité. Sans vous.

5 On a installé une vraie machine à café en salle des profs.

6 Il y a une épidémie de gastro, il ne vous reste plus que onze élèves en classe.

7 La remplaçante (le remplaçant) de votre collègue d'histoire-géo est un(e) ancien(ne) mannequin.

8 Le PC de la salle des profs est désormais sous Windows 2000 (et non plus sous 97).

9 Le 1er mai tombe un vendredi. Et le 8 mai aussi.

10 Finir de corriger son dernier paquet de copies le 23 décembre. Noël est sauvé !

MAL ÉDIC TION

« Tout objet informatico-électronique fonctionnera parfaitement à la maison lors de votre préparation de cours mais vous laissera SYSTÉMATIQUEMENT tomber une fois arrivé(e) en classe. »

Exemples : TBI qui ne reconnaît pas le stylet, ordinateur qui refuse de s'allumer, DVD qui ne se lance pas, vidéoprojecteur qui ne projette plus rien…

Ce que pense Robert, votre voisin agressif, de votre semaine.

Lundi :
emploi du temps sympa,
vous commencez à midi.

Mardi :
vous êtes malade, vous n'allez pas travailler.

Mercredi :
vous faites grève.

Jeudi :
votre enfant est malade, vous le gardez.

Vendredi :
emploi du temps sympa,
vous êtes en week-end à midi.

Comment la direction se voit.

Comment les profs la voient.

Les phrases que vous dites trop

Chuuuuuuuuuuuuuuut.

Vous ne notez pas ?

On se tait.

On se range. On se met en rang.

Pourquoi vous n'avez pas votre matériel ?

Tu veux aller faire un tour
chez le principal/proviseur ?

Vous pouvez sortir.

Vous pouvez répéter ce que je viens de dire ?

Tu enlèves ton manteau.
Et ta casquette. Et ton iPod.

Silence !

Quelqu'un peut me répéter ce que je viens de dire ?

Sortez une feuille et un stylo : contrôle.

Vous vous croyez où ?

Tu me RANGES ce téléphone !

Vous ne prenez pas la correction ?

Vous avez terminé votre conversation ?
Je peux continuer le cours ?

Tout le monde a compris ? Bon, je passe à la suite.

1974
Je vois que tu as une punition pour ce soir.
Eh bien je ne te félicite pas, Karine !
Enfin, ça t'apprendra à te tenir tranquille...
Devoirs

2014
Ma fille a eu une punition à faire ! Eh bien, laissez-moi vous dire, madame, que je ne vous félicite pas ! Et vous pensez faire tenir tranquilles les enfants comme ça ? C'est intolérable !

Les 10 mauvaises nouvelles qu'un prof craint d'apprendre

1 Les 4e B (toujours ces sacrés boulets) et VOUS partez une semaine en voyage scolaire.

2 Votre matière sera supprimée à la rentrée, il faut donc songer à vous réorienter.

3 Adrien restera vivre chez sa grand-mère pour pouvoir terminer sa troisième tranquillement.

4 La remplaçante (le remplaçant) de votre collègue d'histoire-géo est un(e) retraité(e) moche des Télécoms (du département Géographie).

5 La photocopieuse de la salle des professeurs a rendu l'âme.

6 Il y a une erreur de barême dans la dernière évaluation. Et donc 28 élèves aglutinés devant votre bureau.

7 Il n'y a plus que du potage aux légumes de disponible dans la machine à café.

8 Sur l'ordre de surveillance du Bac, vous n'avez pas le droit d'apporter de livre ou de journaux.

9 Votre collègue Jean-Patrick veut revenir sur un cas à la fin du conseil de classe. Alors qu'il est 20 h 12.

10 La superbe présentation multimédia sur laquelle vous avez passé six heures refuse d'être lue par les ordinateurs miteux du lycée.

Comment rédiger votre prochain cours

Étape 1 : ouvrez votre manuel
de l'enseignant et allumez votre ordinateur.
Étape 2 : vérifiez vos e-mails.
Allez sur Facebook, Twitter…
Étape 3 : allez vous chercher un thé
et du chocolat.
Étape 4 : chattez avec vos collègues
en ligne.
Étape 5 : surfez sur des sites pour
les profs et téléchargez quelques cours
et évaluations.
Étape 6 : vous avez bien travaillé,
vous reprendrez demain.

Typologie du parent d'élève

Le « Et sinon, vous avez fait quoi, comme études ? » :
celui qui demande à l'enseignant un CV détaillé et un compte rendu de sa formation afin d'évaluer s'il est apte (intellectuellement) à s'occuper de son enfant. Non, parce que lui, il préfère s'adresser à des gens compétents et pas à des pin-pins débiles.

Le « J'te tutoie, on est collègues ! » : c'est le parent-prof-collègue qui vient histoire de rassurer l'enseignant. Il lui fait confiance, il sait qu'il fait bien son boulot, il le tutoie, d'ailleurs (« Nous sommes collègues, non ? »), mais quand même, s'il pouvait se permettre de donner un tout petit conseil pour améliorer la prise en charge de SON enfant et de SES difficultés… Le tout sans remettre le travail de l'enseignant en question, bien entendu.

Le « Faut le calmer » : celui qui pense que son enfant est horrible, méchant, vil et sournois. Pour lui, son fils est un serial killer et un raté en puissance et il faut le cadrer et le punir (ce « p'tit con »). De ce fait, l'enseignant en rajoute dans le positif et tente de dire à quel point l'élève n'est pas si terrible.

Quand on se rend
compte qu'il reste
encore cinq semaines
à tenir jusqu'aux
vacances...

AT
TEN
TION!

Si vous savez ce qu'est la Dgesco*, la LOLF*, l'EPLE*, le PDMF* et que vous maîtrisez la loi Peillon de juillet 2013, c'est que vous faites partie de l'équipe de direction.
Déposez ce livre en salle des professeurs, là où vous l'avez volé.

* Direction générale de l'enseignement scolaire ; Loi organique relative aux lois de finances ; Établissement public local d'enseignement ; Parcours de découverte des métiers et des formations.

QUI SUIS-JE ?

Je suis mal aimable.

Je dis toujours « non ».

Ma porte est toujours fermée.

Vous ne m'avez jamais vu.

Je suis, je suis…

réponse

Le gestionnaire.

Déformation professionnelle #4

À 10 heures, vous guettez la sonnerie et cherchez du coin de l'œil la machine à café. Et cela, même si vous êtes en week-end chez belle-maman.

Typologie du parent d'élève

Le « Vous en êtes sûr ? » :
celui qui est angoissé et qui vient à la réunion la larme à l'œil en pensant que son enfant est malheureux et asocial. Et qui remercie l'enseignant lorsqu'il lui apprend que Jules a été collé trois fois ce mois-ci parce qu'il échangeait avec un copain des magazines légèrement osés dans les toilettes des filles.

Le « Merci, merci, merci » :
celui qui laisse l'enseignant faire son travail (le même qui pense à lui offrir un joli petit cadeau en fin d'année). Il vient juste pour rencontrer le divin enseignant et pour le remercier. Souvent un parent issu du monde enseignant ou qui a un conjoint qui en est...

Le « J'ai bien peur qu'il s'ennuie » :
celui qui est persuadé que son enfant est surdoué et que la seule et unique raison pour laquelle il bavarde en classe c'est que le contenu du cours dispensé n'est pas à la hauteur de sa brillante petite personne. L'enseignant aura beau expliquer à ce parent que son enfant est un boulet notoire doublé d'une feignasse exceptionnelle, rien n'y fera.

Le « Et sinon en maths, ça va ? » :
celui qui vient pour apprendre comment et combien son enfant est génial. Il demande comment ça se passe dans chaque matière, même s'il sait pertinemment que son enfant est excellent.

Michel, 55 ans, est prof de français depuis vingt-trois ans. Il aime Rimbaud, Éluard et Céline. Il adore Corneille, le vrai, pas le chanteur. Et pense que le slam est un genre de pantalon resserré aux chevilles.

Vieux collègue

Loïc, 26 ans, est prof de lettres depuis deux ans.
Il sait se servir d'un TNI (tableau numérique interactif)
et propose chaque année des battles de slam
avec le collège voisin.

Jeune collègue

poisson
d'avril

Le jour de l'angoisse pour le prof :

le 1er avril.

Les 10 cadeaux qui font toujours plaisir

1. Un stylo rouge (on en manque toujours).
2. Un mug énorme pour le café de la récréation.
3. Un transat pour ses vacances (marche aussi avec un hamac).
4. Une photocopieuse (ça sera plus pratique).

5 Des chocolats pour prendre 8 kilos en corrigeant les copies.

6 Un déodorant efficace pour les heures de cours estivales.

7 Un paquet de bonbons à la menthe pour éviter d'être rebaptisé « Puedelagueule » par les élèves.

8 Un plaid à manches pour corriger les copies au chaud.

9 Un mégaphone (pour préserver sa voix).

10 Des marionnettes (pour amuser les élèves du cours de 16 h 30 à 17 h 30 le vendredi).

Comment je vois mon métier.

Ce que je fais réellement.

Comment les profs s'habillent le jour de la rentrée

Celle qui n'a pas de look mais qui, en même temps, n'a pas encore touché son salaire d'août.

Celui qui arbore les oripeaux de sa fonction : blouse ou jogging.

Celle qui a mis
un petit costume
pour avoir l'air
plus sévère.

Celui qui a préféré
se la jouer cool
pour faire
copain-copain
avec les élèves.

N.B. : attention aux fautes de goût :
trace de craie sur les manches, bouchon de feutre
Velleda dans la bouche, stylo rouge dans la poche.

Le prof ne devrait pas dire…

Bon, pour ce cours, on va se servir de l'ordinateur.

Il y aura un intervenant
pour la conf' péda de mercredi.

Mince, pour l'anim' péda sur les compétences,
c'est sur leur plateforme Web à la noix…

Tu peux faire une phrase ? Je ne comprends rien !

Bon, on corrige les exercices du cours dernier ?

Sérieusement, vos résultats sont vraiment mauvais,
ce trimestre !

Mais plutôt…

Pour cette séance, je vais mettre en œuvre les TICE (Technologies de l'information et de la communication pour l'enseignement) ou l'outil informatique.

La conférence pédagogique de mercredi se fera en présentiel.

Quant à l'animation pédagogique sur la mise en place des compétences à évaluer, elle se fera en FOAD (Formation ouverte et à distance).

Malheureusement, ta faible maîtrise de la langue ne me permet pas de saisir ton propos. Je te suggère d'améliorer ton capital lexical.

Je vous suggère de revenir à la séance d'apprentissage précédente afin que nous puissions faire quelques activités de remédiation.

Vos compétences sont en voie d'acquisition.

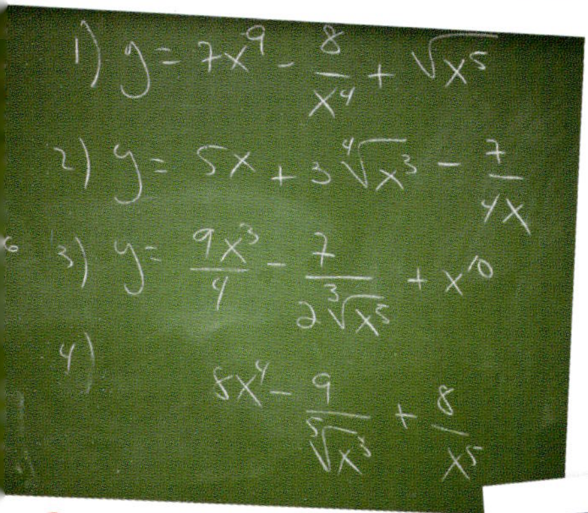

Quand vous écrivez au tableau.

Vous voulez juste leur montrer ça.

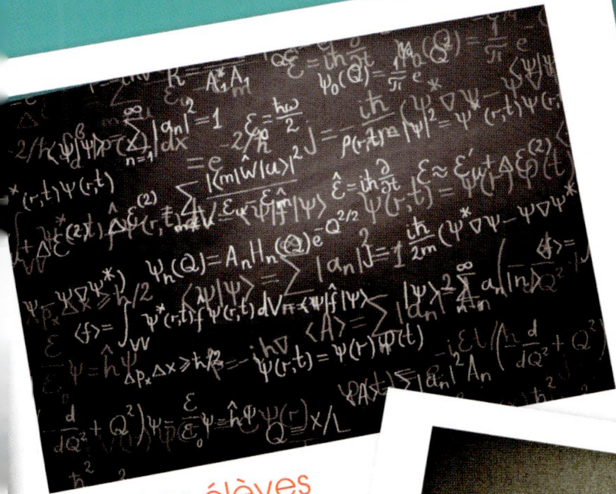

Les élèves
voient ça.

Ils retiendront ça.

« Parfois,
à ma classe,
d'avoir un ami

quand je parle
j'ai l'impression
imaginaire. »

Simon, professeur d'histoire-géographie

Quand l'équipe
de direction
vous annonce
qu'il n'y aura
toujours pas de CPE
(conseiller principal
d'éducation)
cette année.

TOP 5 des inventions qui faciliteraient la vie des profs

1 **Un stylo correcteur de copies qui bipe à chaque ânerie.**

2 **Un bouton « volume » sur les élèves (à régler en fonction de votre tolérance au bruit, voir graphique p. 43).**

3 Une tasse qui se remplit instantanément de café à chaque récréation.

4 Un tableau avec rétroviseur intégré pour éviter les lancers de boulettes et les ricanements désagréables.

5 Un feutre Velleda quatre couleurs/une craie quatre couleurs, parce que c'est tout de même pénible de changer de couleur toutes les trois minutes.

Pour deux inscrits
en classe
bilangue,
un brevet offert.

La journée portes ouvertes

La récréation idéale des profs.

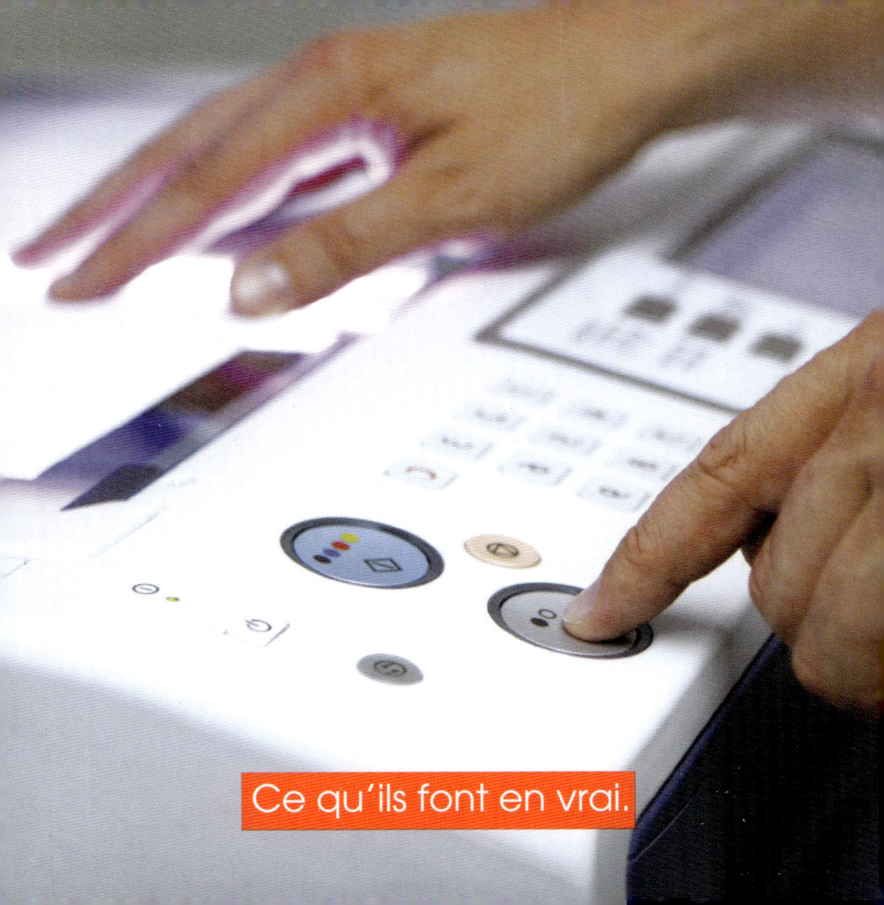
Ce qu'ils font en vrai.

Les joies des conseils de classe...

- Placés évidemment à partir de 17 h 30 un jour où on termine à 15 heures.
- Durent trente minutes de plus car la maman d'Alexis, déléguée des parents d'élèves, tente lamentablement d'éviter à son rejeton un avertissement de travail ET de conduite.
- Nécessitent que les bulletins soient remplis et les notes rentrées à temps.
- Vous empêchent de manger et vous font sentir tout faible. Pourquoi ça se termine si tard ?
- Vous font rater « L'Amour est dans le pré », « Maison à vendre » et « The Mentalist ». Pffffff...
- Vous obligent à serrer la main à votre collègue M. Zodeur, le prof de sport qui sent la transpiration.

Quand l'équipe
de direction
vous explique
à quel point
c'est pratique,
simple et génial,
l'ENT*.
* ENT : Espace numérique de travail.

Histoire :
les 30 glorieuses
scritch!
Scritch!
scritch!
scritch!
scritch!
Ah… au temps pour moi : effacez
ce que je viens de dire, on m'indique
dans l'oreillette que l'enseignement de cette période
vient d'être réformé par le gouvernement…

Réforme, vous avez dit réforme ?

Que signifie l'acronyme « EPLE » ?

a. Endroit pour les élèves.

b. Établissement pédagogique limité en enseignement.

c. Établissement public local d'enseignement.

d. Environnement protégé pour les enseignants.

réponse

c. Bravo, si vous avez trouvé, vous êtes un vrai prof.

TOP 5 des astuces pour ne pas faire cours

(parce qu'on est vendredi après-midi…)

1. Distribuer une feuille à coller dans les cahiers = élèves qui n'ont pas de ciseaux, élèves qui n'ont pas de colle, élèves qui collent à l'envers… Gain de temps = quinze minutes.

2. Proposer d'élire les délégués de classe. Gain de temps = une heure. Mais attention, ne fonctionne qu'une fois par an.

3 Trouver un petit documentaire adapté
à votre leçon de la semaine.
Gain de temps = cinquante minutes.

4 Demander aux élèves de faire
les exercices 32, 33, 34, 35 et 36 page 262.
Gain de temps = vingt-cinq minutes.

5 Suggérer une petite évaluation
sur tout le trimestre. En farfouillant
bien sur Internet, vous devriez
trouver ça tout prêt.
Gain de temps = quarante-cinq minutes.

Ah,
les parents d'élèves…
Cinq choses
que vous
ne leur direz pas…

CE QU'ILS DISENT	CE QUE VOUS NE DIREZ PAS
Vous avez demandé de faire les exercices 1, 2, 5 et 12. Il faut tous les faire ?	Mais non, pensez-vous, j'ai juste donné les chiffres du loto.
Il est précoce, non ?	Non, non, il est juste chiant.
Le voyage scolaire en Espagne, il est pédagogique ?	Non, on va passer une semaine à manger des *churros* allongés sur le sable.
Ce n'est pas de sa faute, c'est son voisin qui le dérange en classe.	Ah ? Eh bien c'est une première, car je n'ai jamais vu un radiateur embêter quelqu'un.
Et c'est quoi, vos méthodes pédagogiques ?	Oh, c'est très simple, je tape jusqu'à ce que ça rentre...

La mauvaise idée du jour :
vérifier les classeurs.

TOP 5 des collègues un peu relou

I Le prof qui n'aime pas les élèves et qui les méprise ouvertement (ce qui vous met tout de même assez mal à l'aise).

2 Le prof qui parle toujours de ses super-vacances (alors que vous partez tous les ans en Bretagne).

3 Le prof qui parle toujours de ses super-séances (et qui vous donne des conseils pour réussir les vôtres).

4 Le prof de sport qui drague tout ce qui bouge (sauf la vieille collègue d'allemand sourde).

5 Le prof qui ADOOOORE sa hiérarchie (et qui fait de la délation à ses heures perdues).

Quand vous croisez un élève
au supermarché du coin
(au rayon PQ)…

Comment les gens pensent
qu'un prof prépare ses cours…

Comment un prof prépare ses cours !

Typologie du chef d'établissement

Le mou

Inconvénient : il ne prend aucune décision.
Avantage : il ne prend aucune décision.

Le pédagogue

Avantage : il comprend votre situation en classe.
Inconvénient : il veut vous apprendre à faire cours.

Le chefaillon

Avantage : il prend des décisions.
Inconvénient : ce ne sont jamais les bonnes.

L'empathique

Avantage : il vous offre un café quand vous revenez d'un jour de garde pour « enfant malade ».
Inconvénient : il est aussi un peu trop empathique avec Joshua qui a crevé les pneus de votre voiture à cause de son mal-être.

https://www.

RROR 404
e not
have been re
Quand
on doit
se connecter
à l'ENT
(Espace numérique
de travail).

La mauvaise idée
de la veille de vacances :
faire une évaluation
sur tout le trimestre
et se retrouver
avec près de 150 copies
à corriger.

Le jour de l'inspection…

Les autres jours…

Ce matin, ce prof sort au musée avec ses deux classes de 3e.

Les mots fléchés du prof

1 : État physiologique quotidien du prof, surtout entre le lundi 8 h 30 et le vendredi 16 h 30.

2 : Travail scolaire rédigé sur des feuilles volantes avec lequel le prof vit en permanence.

3 : Plage positive revenant toutes les six semaines environ.

4 : Cessation volontaire du travail par les profs en vue de défendre leur statut et de rester chez eux à flemmarder.

5 : Action de raturer au stylo rouge une feuille de papier en soupirant de dépit.

6 : Public du prof constitué d'individus au regard plus ou moins éveillé.

1. Fatigue 2. Copies 3. Vacances
4. Grèves 5. Correction 6. Élèves

TOP 5 des raisons pour lesquelles j'ai choisi d'être prof

1. Les vacances de la Toussaint.
2. Les vacances de Noël.
3. Les vacances de février.
4. Les vacances de Pâques.
5. Les vacances d'été.

Crédits

Getty Images

16 : Radius Images/ 22 : Jens Lucking/ 26-27 : Martin Barraud/ 30 : John Rensten/ 36 : Martin Wahlborg/ 37 : Hans Neleman/ 40 : Johner Images - Fridh, Conny/ 47 : Henrik Sorensen/ 50-51 : gabriela schaufelberger/ 62 : JGI/Jamie Grill/ 67 b, 132 : Jupiterimages/ 70 : SOBERKA Richard/hemis.fr/ 74 : Noppawat Tom Charoensinphon/ 78-79 : Christian Hoehn/ 82 : Sharon Dominick/ 94 b : Alberto Pomares/ 95 h : clinch/ 108-109 : kristian sekulic/ 136-137 : Leonora Hamill/ 141 : ONOKY - Pascal Broze/ 158 h : Arturo PeAa Romano Medina/ 158 b : Ismail Akin Bostanci/ 159 h : analyzer/ 162-163 : Robert Daly/ 166 : Image Source/ 182 : Don Bayley/ 188 : Isu/ 189 : Mike Kemp/ 199 : Mikkel William Nielsen

Corbis
186 : Marcus Lund/cultura/ 194 : Louis Moses

Fotolia.com
14 : M.studio/ 58 : Monkey Business/ 86 : 3ThousandPhotoSTD/ 98 : cirquedesprit/ 110-111 : stokkete/ 148 : Brad Pict/ 152 : auremar/ 153 : imagika/ 159 b : Pascal Huot/ 192-193 : jamdesign/ 201 : Halfpoint

Istock
23 g : Andrew Rich/ 23 d : AleksandarDickov/ 54 : GlobalStock/ 71 : kevinruss/ 102 : svetikd/ 103 : Lise Gagne/ 124 : andresrimaging/ 125 : tolgart/ 168 : Jani Bryson/ 169 : Joas/ 172-173 : Yuri

Shutterstock
10 : NicoElNino/ 66 : Kryvenok Anastasiia/ 67 h : BlueSkyImage/ 94 h : Maxim Petrichuk/ 95 b : Taiga/ 142 : CREATISTA

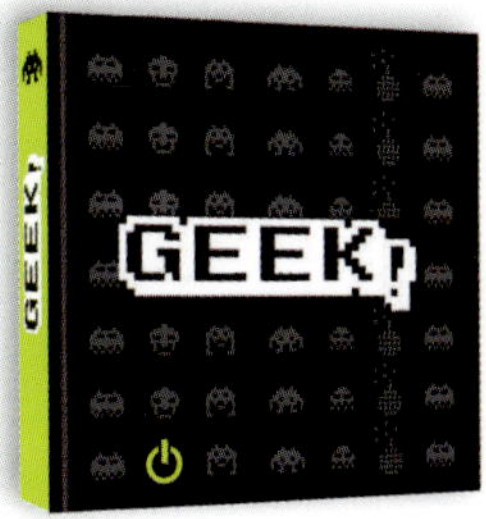
GEEK!
GEEK!

Mamie
Papou
Heureux
Grands-parents!
Mémé
Pépé
Papy

Bienheureux Parents?
Ouin !
Papa
Bienheureux
Parents?
Ouin !
Maman

Remerciements

Nous tenons à remercier pour leur contribution à cet ouvrage :

Marie Pérarneau pour les textes.
Zelda Zonk pour les illustrations.
Delphine Guéchot pour la mise en page.
Et aussi : Maud Boulin, Jean-Louis Broust, Gaétan Burrus, Céline Derouet, Armelle Goraguer, Karine Marigliano, Laure Maj, Élodie Merveillard, Judith Nouvion, Anaïs Roué, Marjorie Seger, Emmanuelle Serrero-Desprès, Nathalie Tran, Karine Van Wormhoudt, Marie-France Wolfsperger.

ISBN : 9782809651904
Dépôt légal : octobre 2014
Fabriqué en Chine
Photogravure quat'coul